PRATICANDO Matemática

Tindolelê

Praticando Matemática

7 a 8 anos

Dados Internacionais de Catalogação na Publicação (CIP) de acordo com ISBD

P364m Pecand, Katia
Praticando matemática - 7 a 8 anos / Kátia Pecand ; ilustrado por Albert Llinares. - Jandira, SP : Ciranda Cultural, 2023.
64 p. : il.; 20,10cm x 26,80cm. - (Tindolelê).

ISBN: 978-65-261-0434-7

1. Educação infantil. 2. Adição. 3. Conhecimento. 4. Números. 5. Subtração. 6. Aprendizado. 7. Contagem. I. Llinares, Albert. II. Título.

2022-0923

CDD 372.2
CDU 372.4

Elaborado por Lucio Feitosa - CRB-8/8803
Índice para catálogo sistemático:
1. Educação infantil 372.2
2. Educação infantil 372.4

© 2023 Ciranda Cultural Editora e Distribuidora Ltda.
Texto: Kátia Pecand
Ilustração: Albert Llinares
Revisão: Luciana Garcia e Maitê Ribeiro
Projeto gráfico e diagramação: Ana Dobón
Produção editorial: Ciranda Cultural

1ª Edição em 2023
2ª Impressão em 2024
www.cirandacultural.com.br

Todos os direitos reservados. Nenhuma parte desta publicação pode ser reproduzida, arquivada em sistema de busca ou transmitida por qualquer meio, seja ele eletrônico, fotocópia, gravação ou outros, sem prévia autorização do detentor dos direitos, e não pode circular encadernada ou encapada de maneira distinta daquela em que foi publicada, ou sem que as mesmas condições sejam impostas aos compradores subsequentes.

APRESENTAÇÃO

O ensino da matemática de forma divertida e atrativa é muito importante nessa faixa etária para que a criança se sinta entusiasmada, desafiada e envolvida com as atividades propostas.

Aprender e praticar exercícios de matemática de maneira contextualizada e dinâmica facilita o processo de aprendizagem e contribui para o desenvolvimento das habilidades cognitivas, o raciocínio lógico-matemático e a criatividade.

Dessa forma, os conteúdos do livro *Praticando matemática* foram elaborados respeitando essa fase do desenvolvimento infantil e selecionados criteriosamente para garantir um aprendizado significativo.

As atividades deste livro contemplam os seguintes temas:

- números (unidade, dezena, dúzia, centena, contagem, quantificação, par e ímpar);
- números ordinais;
- formas e sólidos geométricos;
- operações matemáticas (adição, subtração, multiplicação e divisão);
- medidas de tempo;
- noções de medidas (comprimento, massa e capacidade);
- sistema monetário.

Com ilustrações coloridas e atividades diversificadas, a criança se encantará e realizará os exercícios de forma prazerosa!

TINDOLELÊ... APRENDER E BRINCAR, É SÓ COMEÇAR!

CONTANDO DE 0 A 9

CONTE QUANTAS BALAS HÁ EM CADA POTE E ESCREVA O NÚMERO.

0 1 2 3 4 5 6 7 8 9

NÚMEROS

COMPLETANDO E PRATICANDO!

PREENCHA OS ESPAÇOS EM BRANCO COM OS NÚMEROS QUE ESTÃO FALTANDO PARA COMPLETAR A SEQUÊNCIA NUMÉRICA.

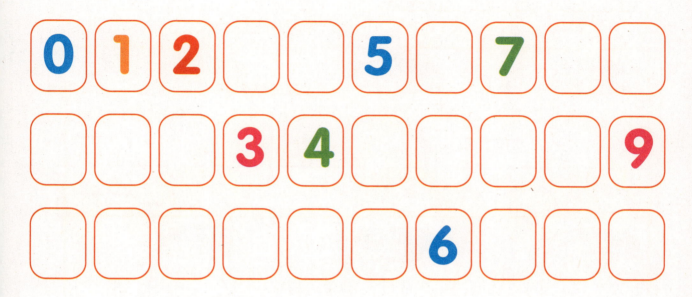

CIRCULE O NÚMERO QUE REPRESENTA A MAIOR QUANTIDADE NAS PLACAS QUE CADA CRIANÇA SEGURA.

NÚMEROS

ANTECESSOR E SUCESSOR

QUEM VEM ANTES? QUE VEM DEPOIS?

NÚMEROS

OS VIZINHOS DOS NÚMEROS

COMPLETE OS ESPAÇOS COM OS NÚMEROS SOLICITADOS EM CADA COLUNA.

ANTES	ENTRE	DEPOIS
☐ 8	2 ☐ 4	8 ☐
☐ 6	7 ☐ 9	5 ☐
☐ 3	5 ☐ 7	7 ☐
☐ 1	1 ☐ 3	3 ☐
☐ 4	6 ☐ 8	4 ☐
☐ 9	0 ☐ 2	6 ☐
☐ 3	4 ☐ 6	6 ☐

9

NÚMEROS

UNIDADES E DEZENAS

10 UNIDADES = 1 DEZENA

CONTANDO AS DEZENAS

CIRCULE APENAS OS ELEMENTOS QUE FORMAM GRUPOS CORRESPONDENTES A **1 DEZENA**.

NÚMEROS

CONTE E PINTE

PINTE A QUANTIDADE DE ELEMENTOS INDICADOS.

7 UNIDADES DE CORAÇÃO

1 DEZENA DE LARANJAS

8 UNIDADES DE TRIÂNGULO

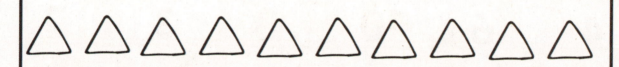

1 DEZENA DE FLORES

4 UNIDADES DE BORBOLETAS

NÚMEROS

MAIOR, MENOR OU IGUAL?
CONHECENDO OS SINAIS

MAIOR   MENOR   IGUAL

4 > 2
4 É MAIOR QUE 2
6 < 8
6 É MENOR QUE 8
5 = 5
5 É IGUAL A 5

DICA: imagine que o sinal > (maior) é uma boca de jacaré aberta, e que essa boca aberta sempre estará virada para o número maior: assim você não erra!

ESCREVA OS SINAIS DE ACORDO COM OS NÚMEROS.

\> MAIOR   < MENOR   = IGUAL

7 ☐ 8	4 ☐ 2	6 ☐ 6
4 ☐ 6	10 ☐ 3	3 ☐ 7
7 ☐ 8	4 ☐ 2	9 ☐ 6
3 ☐ 3	1 ☐ 5	8 ☐ 5
7 ☐ 8	4 ☐ 2	1 ☐ 3
5 ☐ 6	10 ☐ 8	4 ☐ 4

12

CONTANDO E SOMANDO

3 + 1 = 4

4 + 3 = 7

ADIÇÃO É A OPERAÇÃO QUE ADICIONA, REÚNE, JUNTA QUANTIDADES.

VAMOS SOMAR E PRATICAR.

2 + 3 =	8 + 1 =	5 + 2 =
4 + 2 =	3 + 4 =	6 + 0 =
6 + 3 =	2 + 1 =	0 + 4 =
5 + 4 =	7 + 3 =	4 + 5 =
6 + 1 =	3 + 3 =	7 + 2 =
8 + 2 =	5 + 5 =	8 + 1 =

13

ADIÇÃO

ADIÇÃO NA RETA NUMÉRICA

AGORA É A SUA VEZ!

RESOLVA AS ADIÇÕES E REPRESENTE-AS NA RETA NUMÉRICA SEGUINDO O EXEMPLO ACIMA.

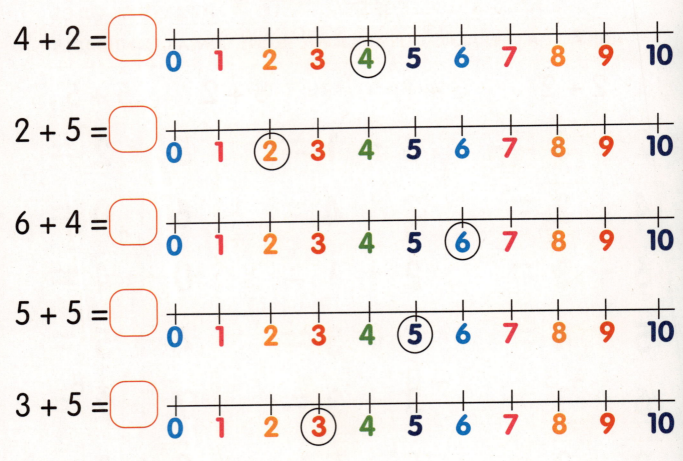

IGUAL OU DIFERENTE?

AGORA É COM VOCÊ!

FAÇA AS ADIÇÕES E UTILIZE OS SINAIS = OU ≠ PARA COMPARAR OS RESULTADOS. SIGA O EXEMPLO.

15

ADIÇÃO

OUTRA FORMA DE SOMAR

Kelly tem 2 flores amarelas e 3 flores vermelhas. Quantas flores ela tem ao todo?

2 + 3 = 5

U	UNIDADE
2	1ª PARCELA
+ 3	2ª PARCELA
5	SOMA OU TOTAL

VAMOS PRATICAR A SOMA.

4   6   5   4   7   4
+2   +1   +4   +3   +2   +4

3   1   9   8   7   5
+2   +6   +1   +2   +3   +5

SUBTRAÇÃO

SUBTRAINDO E CALCULANDO

5 - 2 = 3

8 - 2 = 6

SUBTRAÇÃO É A OPERAÇÃO QUE TIRA, DIMINUI, SUBTRAI QUANTIDADES.

VAMOS SUBTRAIR E PRATICAR.

5 - 3 = ☐	4 - 4 = ☐	10 - 5 = ☐
6 - 4 = ☐	2 - 1 = ☐	5 - 4 = ☐
9 - 6 = ☐	7 - 0 = ☐	1 - 1 = ☐
3 - 3 = ☐	4 - 3 = ☐	8 - 7 = ☐
8 - 4 = ☐	10 - 2 = ☐	6 - 6 = ☐
2 - 2 = ☐	7 - 3 = ☐	9 - 3 = ☐

SUBTRAÇÃO

SUBTRAÇÃO NA RETA NUMÉRICA

VOLTE
- 4

7 - 4 = 3

AGORA É A SUA VEZ!

RESOLVA AS SUBTRAÇÕES E REPRESENTE-AS NA RETA NUMÉRICA SEGUINDO O EXEMPLO ACIMA.

8 - 2 =

4 - 1 =

5 - 3 =

7 - 2 =

9 - 4 =

SUBTRAÇÃO

DESAFIO DA SUBTRAÇÃO

SIGA AS SETAS, FAÇA AS SUBTRAÇÕES E COMPLETE AS SEQUÊNCIAS.

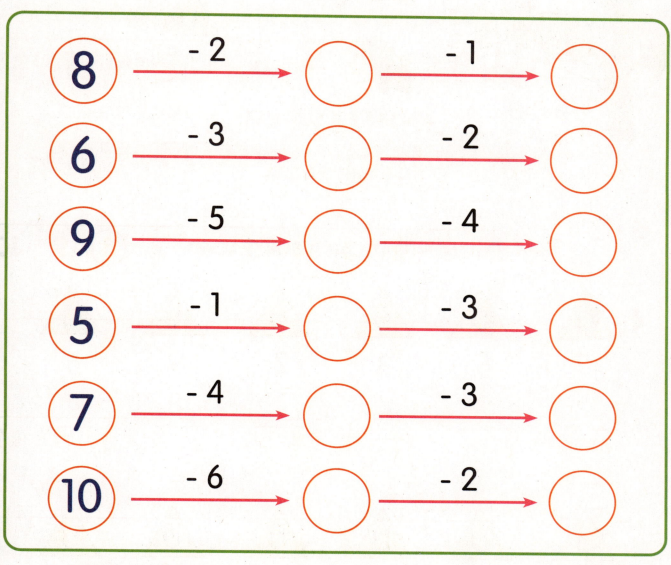

SUBTRAÇÃO

OUTRA FORMA DE SUBTRAIR

Havia 6 passarinhos na árvore. Dois fugiram. Quantos restaram na árvore?

6 - 2 = 4

U	UNIDADE
6	MINUENDO
- 2	SUBTRAENDO
4	RESTO OU DIFERENÇA

VAMOS PRATICAR A SUBTRAÇÃO.

```
  7     5     8     2     9     6
- 3   - 2   - 4   - 1   - 8   - 4
___   ___   ___   ___   ___   ___
```

```
  8     9     6     3     8     2
- 3   - 2   - 1   - 2   - 0   - 2
___   ___   ___   ___   ___   ___
```

20

DEZENAS

APRENDENDO MAIS!

DEZENAS E UNIDADES COM MATERIAL DOURADO.

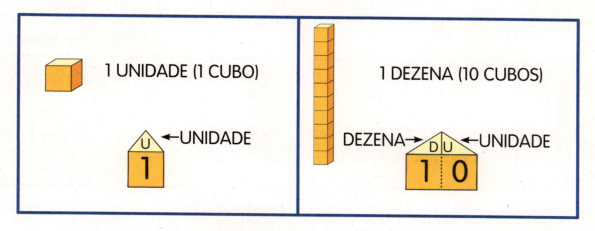

CONTE AS DEZENAS E AS UNIDADES E DESCUBRA O NÚMERO.

_1_ DEZENA
_4_ UNIDADES

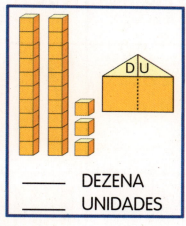

___ DEZENA
___ UNIDADES

___ DEZENA
___ UNIDADES

___ DEZENA
___ UNIDADES

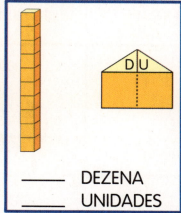

___ DEZENA
___ UNIDADES

___ DEZENA
___ UNIDADES

DEZENAS

LIGANDO AS DEZENAS

LIGUE AS DEZENAS E UNIDADES AOS NÚMEROS CORRESPONDENTES:

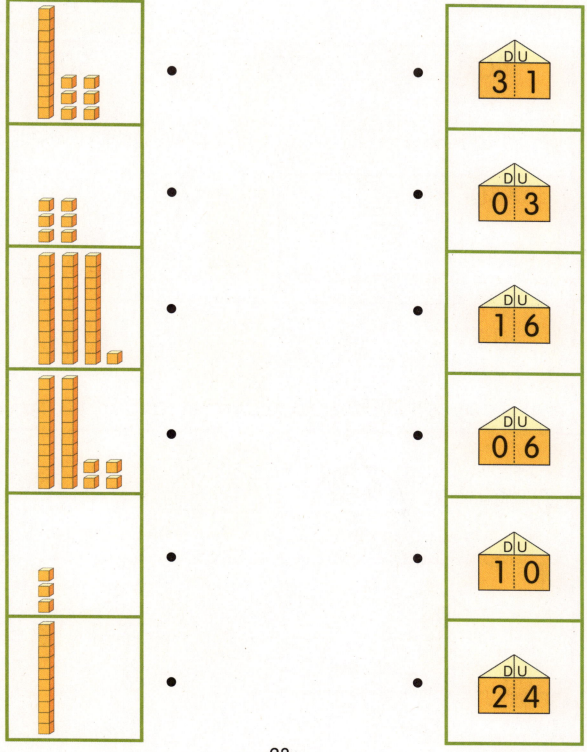

23

DEZENAS

DE DEZ EM DEZ

CONTINUE AS SEQUÊNCIAS CONTANDO DE 10 EM 10.

PINTE APENAS OS GUARDA-CHUVAS CUJA SOMA SEJA UMA DEZENA (10).

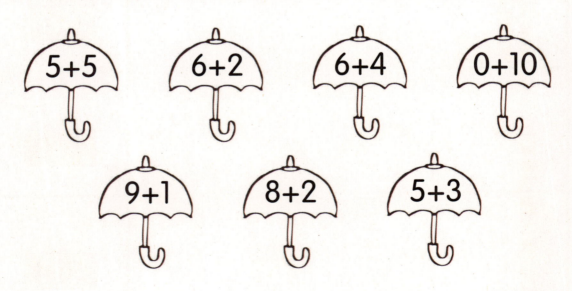

DEZENAS

CADA NÚMERO EM SEU LUGAR

COMPLETE AS CASAS VAZIAS COM O NÚMERO CORRETO.

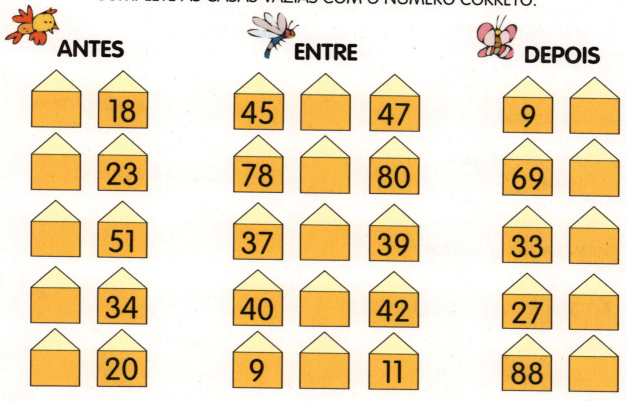

SIGA AS PISTAS E DESCUBRA O NÚMERO DA CAMISETA DE CADA CRIANÇA.

DEZENAS

TUDO EM ORDEM
CRESCENTE E DECRESCENTE

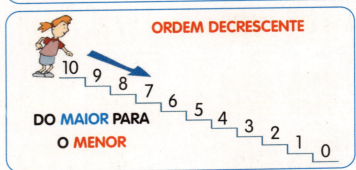

AGORA É COM VOCÊ!

COLOQUE OS NÚMEROS NA ORDEM **CRESCENTE**, DO **MENOR** PARA O **MAIOR**.

24 - 32 - 16 - 39 - 10

35 - 14 - 8 - 3 - 29

COLOQUE OS NÚMEROS NA ORDEM **DECRESCENTE**, DO **MAIOR** PARA O **MENOR**.

18 - 54 - 38 - 11 - 57

8 - 10 - 45 - 36 - 19

DEZENAS

DE OLHO NO SINAL

OBSERVE AS SEQUÊNCIAS NUMÉRICAS E COLOQUE CORRETAMENTE NOS ☐ OS SINAIS > OU <

VEJA O EXEMPLO:

12 > 9 > 4 > 2 > 1

VAMOS LÁ?

10 ☐ 9 ☐ 8 ☐ 7 ☐ 6

12 ☐ 13 ☐ 14 ☐ 15 ☐ 16

22 ☐ 23 ☐ 24 ☐ 25 ☐ 26

COLOQUE EM ORDEM DECRESCENTE A IDADE DAS CRIANÇAS. UTILIZE O SINAL >.

8   13   9   7   11   10

ADIÇÃO

APRENDENDO MAIS

ADIÇÃO SEM REAGRUPAMENTO
DEZENA E UNIDADE

APRENDENDO A SOMAR: ATENÇÃO!

24 + 12 = 36

1º passo

```
  D U
  2 4
+ 1 2
─────
    6
```
some as unidades
4 + 2

2º passo

```
  D U
  2 4
+ 1 2
─────
  3 6
```
some as dezenas
2 + 1

VAMOS PRATICAR!

```
  D U          D U          D U          D U
  2 3          4 5          3 6          3 0
+ 1 1        + 1 3        + 1 3        + 1 4
─────        ─────        ─────        ─────
```

```
  D U          D U          D U          D U
  6 2          2 0          4 1          3 9
+ 2 5        + 1 1        + 2 2        + 2 0
─────        ─────        ─────        ─────
```

28

ADIÇÃO

CONTAR E SOMAR: É SÓ COMEÇAR!

RESOLVA AS ADIÇÕES E FIQUE FERA!

14 + 15 =

```
  D U
  1 4
+ 1 5
-----
```

27 + 11 =

```
  D U
  2 7
+ 1 1
-----
```

34 + 13 =

```
  D U
  3 4
+ 1 3
-----
```

52 + 16 =

```
  D U
  5 2
+ 1 6
-----
```

40 + 20 =

```
  D U
  4 0
+ 2 0
-----
```

62 + 17 =

```
  D U
  6 2
+ 1 7
-----
```

45 + 12 =

```
  D U
  4 5
+ 1 2
-----
```

33 + 11 =

```
  D U
  3 3
+ 1 1
-----
```

81 + 18 =

```
  D U
  8 1
+ 1 8
-----
```

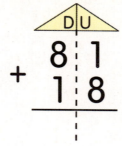

ADIÇÃO

JÁ ESTOU CRAQUE!

ARME E EFETUE AS CONTINHAS ABAIXO. EM SEGUIDA, LOCALIZE E PINTE SEUS RESULTADOS NO CAÇA-NÚMEROS.

EXEMPLO:

34 + 11 = 45   40 + 12 =   26 + 31 =   54 + 14 =

```
  D U
  3 4
+ 1 1
-----
  4 5
```

23 + 15 =   17 + 02 =   36 + 13 =   20 + 30 =

CAÇA-NÚMEROS

19	91	87	48	30	61	57
8	11	14	99	78	67	10
42	52	38	41	13	2	6
49	96	23	29	18	4	50
29	**45**	64	74	38	8	68

30

ADIÇÃO

QUADRO DA SOMA
FAÇA A SOMA SEGUINDO AS SETAS.
PRESTE MUITA ATENÇÃO!

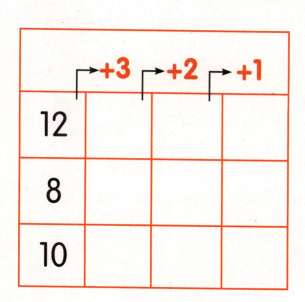

PAR OU ÍMPAR?

PAR

ÍMPAR

NÚMEROS PARES TERMINADOS EM:
0 - 2 - 4 - 6 - 8

NÚMEROS ÍMPARES TERMINADOS EM:
1 - 3 - 5 - 7 - 9

• Quando formamos grupos de 2 em 2 e não sobra nenhum elemento, dizemos que esse conjunto é **par**.

• Quando formamos grupos de 2 em 2 e sobra elemento, dizemos que esse conjunto é **ímpar**.

DESCUBRA SE O CONJUNTO É PAR OU ÍMPAR FORMANDO GRUPOS DE 2 EM 2.

QUANTOS ♥ ? 6
O CONJUNTO É PAR OU ÍMPAR? PAR

QUANTAS ★ ?
O CONJUNTO É PAR OU ÍMPAR?

QUANTAS ✿ ?
O CONJUNTO É PAR OU ÍMPAR?

QUANTOS 🐤 ?
O CONJUNTO É PAR OU ÍMPAR?

PAR OU ÍMPAR?

DESCOBRINDO O NÚMERO

OBSERVE O NÚMERO NA PLAQUINHA DE CADA CRIANÇA E DEPOIS FAÇA O QUE SE PEDE:

ESCREVA OS NÚMEROS ENCONTRADOS:

PARES: _____

ÍMPARES: _____

FAÇA AS ADIÇÕES E ESCREVA SE O RESULTADO É UM NÚMERO PAR OU ÍMPAR.

D U	D U	D U	D U
4 5	2 7	3 6	5 1
+1 2	+2 0	+3 4	+2 0

PAR OU ÍMPAR?

FIQUE DE OLHO!

CIRCULE A ÚNICA LOUSA NA QUAL FORAM ESCRITOS APENAS NÚMEROS PARES:

OBSERVE OS NÚMEROS E COMPLETE A SEQUÊNCIA.

SUBTRAÇÃO

APRENDENDO MAIS
SUBTRAÇÃO
DEZENA E UNIDADE

APRENDENDO A SUBTRAIR: ATENÇÃO!

36 - 13 = 23

1º passo

D	U
3	6
-1	3
	3

subtrai as unidades 6 - 3

2º passo

D	U
3	6
-1	3
2	3

subtrai as dezenas 3 - 1

VAMOS PRATICAR!

D	U		D	U		D	U		D	U
4	5		2	7		5	4		8	0
-1	3		-1	7		-1	2		-2	1

D	U		D	U		D	U		D	U
3	5		6	2		4	3		3	3
-1	3		-1	1		-1	2		-3	3

SUBTRAÇÃO

**CONTAR E SUBTRAIR:
EU VOU CONSEGUIR!**

RESOLVA AS SUBTRAÇÕES COM ATENÇÃO!

27 - 12 =

D	U
2	7
1	2

18 - 12 =

D	U
1	8
1	2

61 - 11 =

D	U
6	1
1	1

50 - 12 =

D	U
5	0
1	2

35 - 34 =

D	U
3	5
3	4

64 - 13 =

D	U
6	4
1	3

44 - 11 =

D	U
4	4
1	1

43 - 12 =

D	U
4	3
1	2

22 - 10 =

D	U
2	2
1	0

36

SUBTRAÇÃO

SUBTRAINDO E COLORINDO

ARME E EFETUE AS CONTINHAS ABAIXO. EM SEGUIDA, PINTE AS MAÇÃS DA ÁRVORE QUE CORRESPONDEM AOS RESULTADOS.

EXEMPLO:

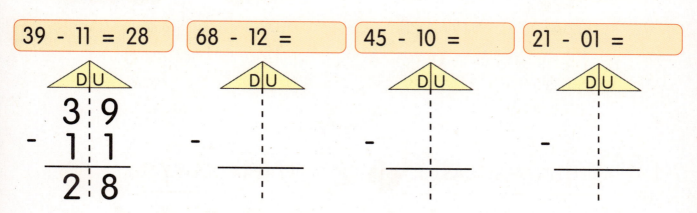

DÚZIA E MEIA DÚZIA

APRENDENDO

1 DÚZIA
12
UNIDADES

MEIA DÚZIA
6
UNIDADES

1 DÚZIA
12
UNIDADES

MEIA DÚZIA
6
UNIDADES

CIRCULE:

1 DÚZIA DE MAÇÃS

1 DÚZIA DE LARANJAS
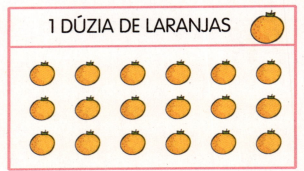

MEIA DÚZIA DE PIÕES

MEIA DÚZIA DE PERAS

1 DÚZIA DE OVOS

MEIA DÚZIA DE BORBOLETAS

DÚZIA E MEIA DÚZIA

COMPLETANDO AS QUANTIDADES

DESENHE PARA FORMAR **1 DÚZIA** DE CADA ELEMENTO.

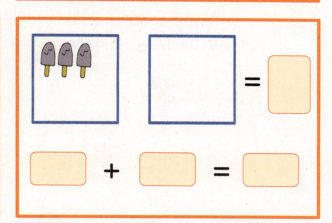

VAMOS LER E RESOLVER:

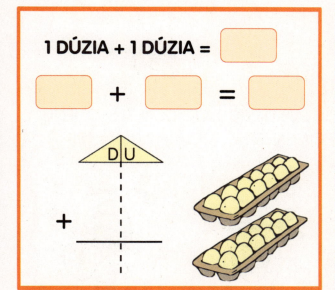

1 DÚZIA + 1 DÚZIA =

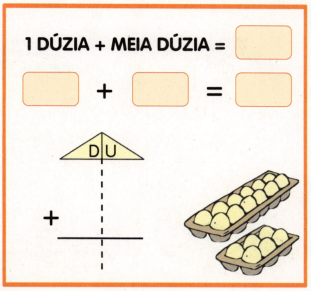

1 DÚZIA + MEIA DÚZIA =

NÚMEROS ORDINAIS

APRENDENDO

NÚMEROS ORDINAIS: INDICAM ORDEM, CLASSIFICAÇÃO, POSIÇÃO.

1º PRIMEIRO 6º SEXTO
2º SEGUNDO 7º SÉTIMO
3º TERCEIRO 8º OITAVO
4º QUARTO 9º NONO
5º QUINTO 10º DÉCIMO

OBSERVE ESSA CORRIDA DE CARROS E ESCREVA O NÚMERO ORDINAL CORRESPONDENTE.

NUMERE AS CENAS COM NÚMEROS ORDINAIS DE ACORDO COM A SEQUÊNCIA DOS ACONTECIMENTOS.

NÚMEROS ORDINAIS

ONDE MORA CADA UM?

OBSERVE O PRÉDIO E ESCREVA O ANDAR ONDE ESTÁ CADA BICHINHO E CADA CRIANÇA.

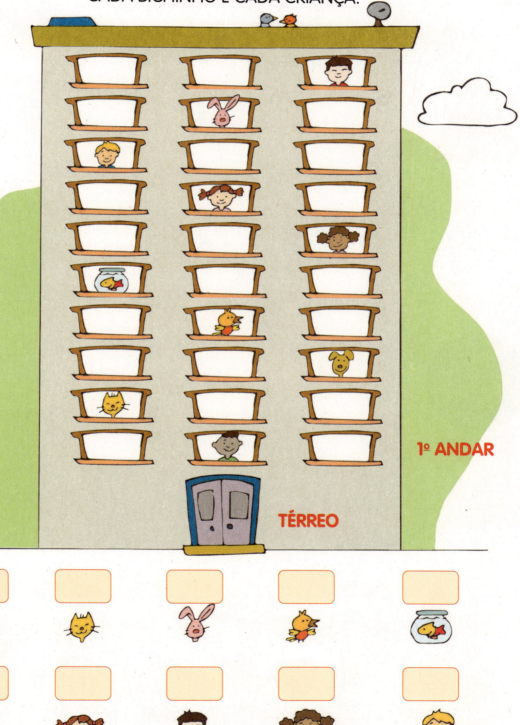

41

FORMAS GEOMÉTRICAS

QUANTAS FORMAS DIFERENTES!

LIGUE CADA FORMA GEOMÉTRICA AO SEU RESPECTIVO NOME E, EM SEGUIDA, ÀS FIGURAS CORRESPONDENTES.

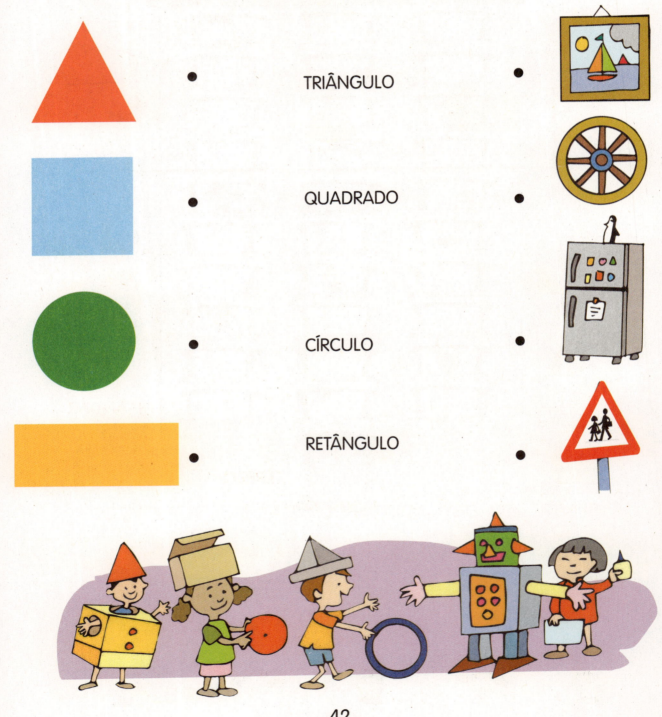

- TRIÂNGULO
- QUADRADO
- CÍRCULO
- RETÂNGULO

SÓLIDOS GEOMÉTRICOS

APRENDENDO

COMPLETE A CRUZADINHA COM OS NOMES DOS SÓLIDOS GEOMÉTRICOS.

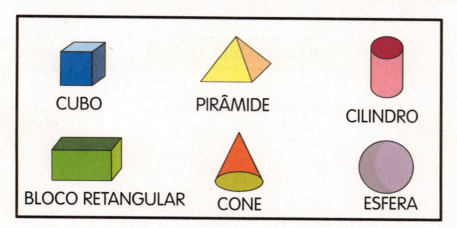

NUMERE AS FIGURAS, ASSOCIANDO AOS SÓLIDOS GEOMÉTRICOS.

| 1 - CUBO | 2 - ESFERA | 3 - BLOCO RETANGULAR | 4 - PIRÂMIDE | 5 - CILINDRO | 6 - CONE |

SÓLIDOS GEOMÉTRICOS

COLORINDO OS SÓLIDOS GEOMÉTRICOS

PINTE OS SÓLIDOS GEOMÉTRICOS DE ACORDO COM A LEGENDA:

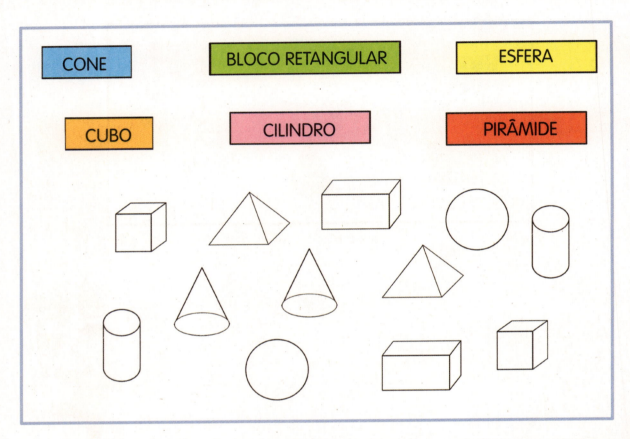

KELLY ESTÁ MONTANDO E DESMONTANDO OS SÓLIDOS GEOMÉTRICOS.

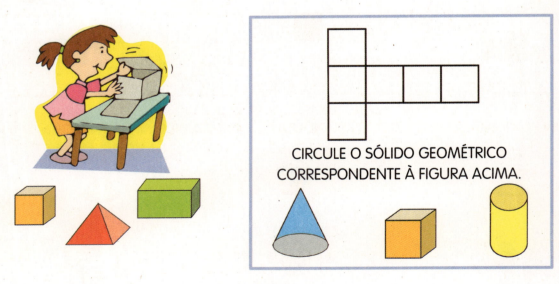

CIRCULE O SÓLIDO GEOMÉTRICO CORRESPONDENTE À FIGURA ACIMA.

ADIÇÃO COM REAGRUPAMENTO

VAMOS APRENDER

1º PASSO

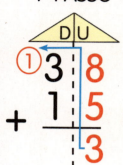

SOME AS UNIDADES:
8 + 5 = 13

13 = 1 DEZENA E 3 UNIDADES

ACRESCENTAMOS ESSA DEZENA NA PRÓXIMA SOMA.

2º PASSO

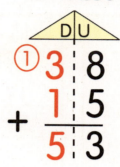

SOME AS DEZENAS:
1 + 3 + 1 = 5

HORA DE PRATICAR!

D U		D U		D U		D U
① 2 5		1 5		2 7		3 7
+ 3 6		+ 1 5		+ 1 6		+ 4 2
6 1						

D U		D U		D U		D U
6 6		7 8		8 1		3 7
+ 1 8		+ 1 1		+ 0 9		+ 1 8

45

ADIÇÃO COM REAGRUPAMENTO

SOMANDO E PRATICANDO

ARME E EFETUE AS ADIÇÕES, SEGUINDO O MODELO.

45 + 16 = 61	55 + 25 =	63 + 11 =
① 4 5 + 1 6 ————— 6 1		
6 DEZENAS 1 UNIDADE	___ DEZENAS ___ UNIDADE	___ DEZENAS ___ UNIDADE
38 + 12 =	77 + 14 =	70 + 20 =
___ DEZENAS ___ UNIDADE	___ DEZENAS ___ UNIDADE	___ DEZENAS ___ UNIDADE
66 + 15 =	54 + 36 =	48 + 17 =
___ DEZENAS ___ UNIDADE	___ DEZENAS ___ UNIDADE	___ DEZENAS ___ UNIDADE

MEDIDAS DE TEMPO

O CALENDÁRIO

COMPLETE O CALENDÁRIO DE ACORDO COM O MÊS EM QUE VOCÊ ESTÁ.

MÊS _____ ANO _____

Segunda	Terça	Quarta	Quinta	Sexta	Sábado	Domingo

QUANTOS DIAS TEM A SEMANA? _____

COMPLETE OS QUADROS COM OS MESES DO ANO.

1 - JANEIRO	2 - FEVEREIRO	3 -	4 - ABRIL
5 -	6 - JUNHO	7 -	8 - AGOSTO
9 - SETEMBRO	10 -	11 - NOVEMBRO	12 -

MEDIDAS DE TEMPO

OLHE A HORA!
O RELÓGIO

AGORA É COM VOCÊ!
MARQUE AS HORAS NO RELÓGIO DIGITAL.

SUBTRAÇÃO COM RESERVA

APRENDENDO

COMO RESOLVER:
- COMEÇAMOS PELAS UNIDADES.
- NÃO CONSEGUIMOS SUBTRAIR 6 UNIDADES DE 4 UNIDADES.
- PEDIMOS, ENTÃO, 1 DEZENA EMPRESTADA.
- ERAM 5 DEZENAS, MAS AGORA RESTARAM 4 DEZENAS.
- ERAM 4 UNIDADES E AGORA PASSARAM A SER 14 UNIDADES.
- AGORA TIRAMOS 6 UNIDADES DE 14 = 8.
- E TIRAMOS 1 DEZENA DE 4 DEZENAS = 3.
- RESPOSTA: 38.

VAMOS PRATICAR?

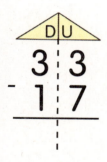

49

SUBTRAÇÃO COM RESERVA

PARA APRENDER... PRATIQUE!

D U	D U	D U	D U
2 8	3 2	5 6	3 4
-1 9	-1 5	-1 8	-1 7

D U	D U	D U	D U
4 3	6 8	3 6	2 5
-3 6	-5 9	-1 9	-1 6

D U	D U	D U	D U
6 5	4 4	5 4	6 3
-4 6	-3 7	-2 5	-4 5

CENTENAS

VOCÊ JÁ APRENDEU AS DEZENAS E AS UNIDADES!

APRENDENDO

AGORA VOCÊ VAI CONHECER AS CENTENAS!

OBSERVE AS BARRINHAS:

SIGA O MODELO E DESCUBRA O NÚMERO.

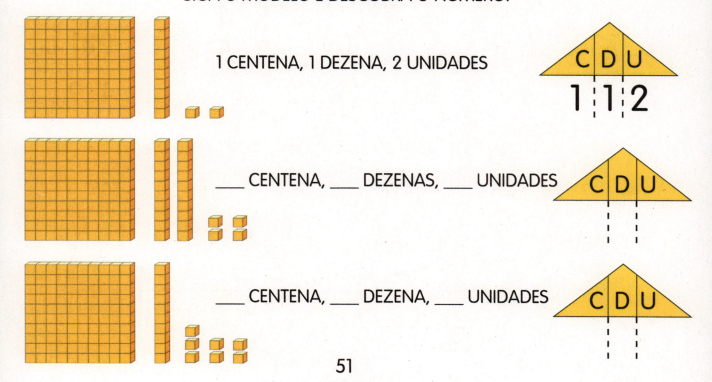

1 CENTENA, 1 DEZENA, 2 UNIDADES

___ CENTENA, ___ DEZENAS, ___ UNIDADES

___ CENTENA, ___ DEZENA, ___ UNIDADES

CENTENAS

PRATICANDO AS CENTENAS

QUAL É O NÚMERO? SIGA O EXEMPLO.

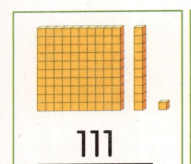
111

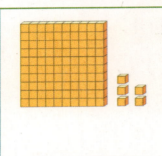
____

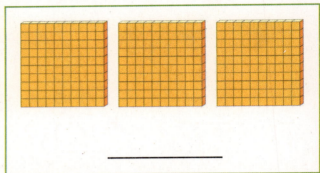
____

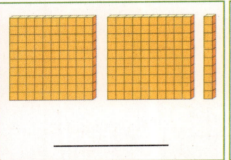
____

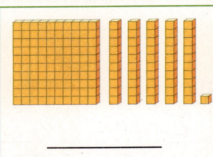
____

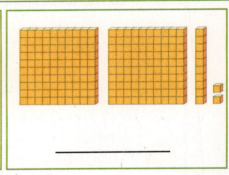
____

ESCREVA O ANTECESSOR E O SUCESSOR.

___123___   ___247___   ___522___

___738___   ___109___   ___231___

___142___   ___157___   ___429___

COLOQUE OS NÚMEROS ABAIXO NA ORDEM PEDIDA:

| 147 | 289 | 456 | 39 | 234 | 500 |

CRESCENTE _____

DECRESCENTE _____

ADIÇÃO E SUBTRAÇÃO

SOMANDO E SUBTRAINDO

VAMOS PRATICAR AS ADIÇÕES.

```
  C D U          C D U          C D U
  1 2 4          2 3 3          4 2 1
+ 1 3 2        + 2 1 2        + 1 5 5
```

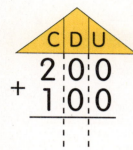

```
  C D U          C D U          C D U
  2 0 0          5 0 1          1 3 2
+ 1 0 0        + 1 2 3        +   5 4
```

AGORA, AS SUBTRAÇÕES.

```
  C D U          C D U          C D U
  2 8 5          5 6 7          4 5 9
- 1 3 2        - 1 3 3        - 1 2 5
```

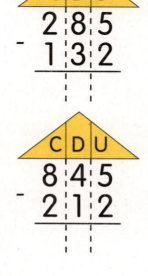
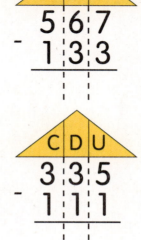
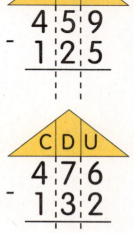

```
  C D U          C D U          C D U
  8 4 5          3 3 5          4 7 6
- 2 1 2        - 1 1 1        - 1 3 2
```

53

SISTEMA MONETÁRIO

DINHEIRO

AS CRIANÇAS ESTÃO INDO COMPRAR BRINQUEDOS.
DESCUBRA QUANTO CADA UM TEM DE DINHEIRO, SOMANDO AS QUANTIAS.

  = R$,00

  = R$,00

  = R$,00

 = R$,00

54

SISTEMA MONETÁRIO

QUANTO CUSTA?
LIGUE CADA PRODUTO AO VALOR CORRESPONDENTE.

   •   •

   •   •

   •   •

   •   •

   •   •

MEDIDAS

COMPRIMENTO / MASSA / CAPACIDADE

CIRCULE O QUE PODEMOS COMPRAR POR METRO.

MARQUE COM UM X OS PRODUTOS QUE PODEM SER COMPRADOS POR QUILO.

PINTE O QUE COMPRAMOS EM LITROS.

CIRCULE OS INSTRUMENTOS USADOS PARA MEDIR O COMPRIMENTO.

 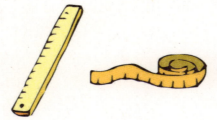  

MULTIPLICAÇÃO

MULTIPLICANDO

$$\underbrace{2 + 2 + 2}_{3 \times 2}$$

VAMOS APRENDER A MULTIPLICAÇÃO.

O SINAL DE MULTIPLICAÇÃO É O **X** (NÓS O PRONUNCIAMOS COMO "VEZES").

CONTE A QUANTIDADE DE ELEMENTOS EM CADA GRUPO. DEPOIS, ESCREVA A ADIÇÃO E A MULTIPLICAÇÃO. VEJA O EXEMPLO:

🦋 + 🦋 + 🦋 = 3
1 + 1 + 1 = 3

3 × 1 = 3

🍭🍭 + 🍭🍭 + 🍭🍭 + 🍭🍭
☐ + ☐ + ☐ + ☐ = ☐

☐ × ☐ = ☐

⭐⭐⭐ + ⭐⭐⭐
☐ + ☐ = ☐

☐ × ☐ = ☐

⭐ + ⭐
☐ + ☐ = ☐

☐ × ☐ = ☐

MULTIPLICAÇÃO

SOMANDO E MULTIPLICANDO

ENCONTRE AS ADIÇÕES CORRESPONDENTES A CADA MULTIPLICAÇÃO E LIGUE-AS CORRETAMENTE.

2 x 4 •   • 3+3+3+3+3+3

6 x 3 •   • 5 + 5

2 x 5 •   • 4 + 4

2 x 0 •   • 8 + 8 + 8

3 x 8 •   • 5 + 5 + 5

3 x 5 •   • 0 + 0

MULTIPLICAÇÃO

APRENDENDO MAIS

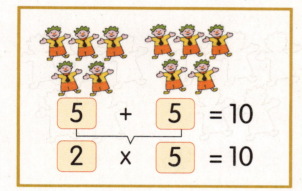

2 × 5 = 10
5 multiplicando
× 2 multiplicador
10 produto

VAMOS MULTIPLICAR E PRATICAR:

2 × 4 =
4
× 2

1 × 3 =
1
× 3

5 × 2 =
5
× 2

3 × 4 =
3
× 4

1 × 5 =
1
× 5

2 × 2 =
2
× 2

2 × 6 =
2
× 6

1 × 7 =
1
× 7

MULTIPLICAÇÃO

MULTIPLICAR É FÁCIL!

COMPLETE AS MULTIPLICAÇÕES COM OS NÚMEROS QUE ESTÃO FALTANDO.

☐ x 3 = 6

☐ x 4 = 12

2 x ☐ = ☐

4 x ☐ = ☐

☐ x 1 = ☐

3 x ☐ = ☐

LIGUE AS MULTIPLICAÇÕES AOS RESULTADOS CORRESPONDENTES.

2 x 5   3 x 3   4 x 1   1 x 7   2 x 8   3 x 5

7   15   10   16   4   9

MULTIPLICAÇÃO

DOBRO E TRIPLO

 Para calcular o dobro de um número, multiplicamos esse número por 2.

O dobro de 4 é 8.

2 x 4 = 8

 Para calcular o triplo de um número, multiplicamos esse número por 3.

O triplo de 2 é 6.

3 x 2 = 6

PENSE E CALCULE:

O DOBRO DE 5 É 2 X 5 = 10.

O DOBRO DE 1 É ____ X ____ = ____.

O DOBRO DE 3 É ____ X ____ = ____.

O TRIPLO DE 4 É ____ X ____ = ____.

O TRIPLO DE 6 É ____ X ____ = ____.

DESENHE AS QUANTIDADES INDICADAS.

7 BALAS	O DOBRO DE 7 BALAS	O TRIPLO DE 7 BALAS

61

DIVISÃO

APRENDENDO A DIVIDIR

MÁRIO TEM 4 OSSINHOS. ELE QUER DIVIDIR ESSES OSSINHOS ENTRE SEUS DOIS CACHORROS.

4 DIVIDIDO POR 2 = 2

4 ÷ 2 = 2

÷ └── ESTES SINAIS INDICAM A DIVISÃO.

VAMOS PRATICAR SEGUINDO O EXEMPLO.
OBSERVE AS FIGURAS E REGISTRE AS DIVISÕES.

EXEMPLO: 6 ÷ 3 = 2

10 ÷ 2 =

2 ÷ 2 =

4 ÷ 2 =

8 ÷ 2 =

3 ÷ 3 =

9 ÷ 3 =

12 ÷ 3 =

DIVISÃO

METADE
APRENDENDO MAIS

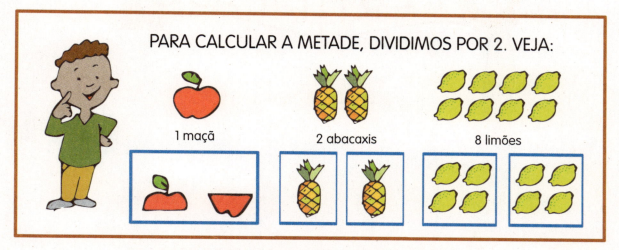

PARA CALCULAR A METADE, DIVIDIMOS POR 2. VEJA:

1 maçã 2 abacaxis 8 limões

RISQUE A METADE DE CADA CONJUNTO.

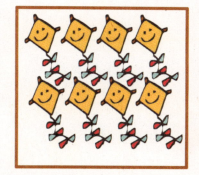

AGORA É COM VOCÊ! DESENHE A METADE DE 4 BOLAS.

63

NOME

PARABÉNS POR CONCLUIR COM ÊXITO AS ATIVIDADES DE MATEMÁTICA TINDOLELÊ *PRATICANDO MATEMÁTICA*!